Made in the USA
Las Vegas, NV
10 December 2023

82520939R00069